PRÄSIDENTSCHAFT DER TÜRKISCHEN REPUBLIK FÜR RELIGIÖSE ANGELEGENHEITEN

Allgemeine Veröffentlichung Nr: 2304
Volksbücher: 641

DER GLAUBE AN DIE ENGEL IM ISLAM
Dr. Mehmet Nur AKDOĞAN

Chefredakteur: Doz. Dr. Fatih KURT
Koordination: Yunus YÜKSEL
Herausgeber: Elif ERDEM
　　　　　　　Hale ŞAHİN
　　　　　　　Dr. Rukiye AYDOĞDU DEMİR
Übersetzung: Büşra ŞAHİN ARSLAN
Redaktion: Ebrar ERKOÇ
Grafik & Design: Uğur ALTUNTOP

Druck: Epa-Mat Bas. Yay. Prom. San. ve Tic. Ltd. Şti.
Tel: +90 312 394 48 63

2. Auflage, ANKARA 2022

ISBN: 978-625-435-391-8
2022-06-Y-0003-2304
Zertifikat Nr: 12930

Entscheidung der Prüfungskommission: 09.09.2022/145

© Präsidium für Religionsangelegenheiten, Abteilung Religiöse Publikationen

Kontakt:
Präsidium für Religionsangelegenheiten
Generaldirektorat für religiöse Publikationen
Abteilung für Publikationen in Fremdsprachen und Dialekten
Dini Yayınlar Genel Müdürlüğü
Yabancı Dil ve Lehçelerde Yayınlar Daire Başkanlığı
Üniversiteler Mah. Dumlupınar Bulvarı No: 147/A
06800 Çankaya – ANKARA / TÜRKİYE
Tel.: +90 312 295 72 81 ▪ Fax: +90 312 284 72 88
e-mail: yabancidiller@diyanet.gov.tr

Vertrieb und Verkauf:
Umlaufvermögen Abteilungsleitung
Tel: +90 312 295 71 53 - 295 71 56
Fax: +90 312 285 18 54
e-mail: dosim@diyanet.gov.tr

DER GLAUBE AN DIE ENGEL IM ISLAM

DR. MEHMET NUR AKDOĞAN

Das Präsidium für Religiöse Angelegenheiten (Diyanet İşleri Başkanlığı) ist die einzige offizielle Institution, die Aufgaben bezüglich religiöser Angelegenheiten ausführen darf.

Die Republik Türkiye ist ein Land, das 1923 als Fortführung einer alten Zivilisation gegründet wurde. Die Mehrheit der Bevölkerung der Türkiye, die der Schnittpunkt der Zivilisationen ist, sind Muslime.

INHALTSVERZEICHNIS

WAS IST EIN ENGEL? 7
Der Glaube an die Engel in verschiedenen Religionen und Kulturen 7
Der Glaube an die Engel im Islam 10
Wie kann die Existenz der Engel erfasst werden? 13
Wann wurden die Engel erschaffen? 21
Warum wurden die Engel erschaffen? 23
Die Hilfe der Engel 26
Die Niederwerfung der Engel vor dem Propheten Adam 28
Die Anzahl der Engel 29

DIE EIGENSCHAFTEN DER ENGEL 31
Engel sind Wesen aus Licht 31
Engel essen und trinken nicht 32
Engel sind äußerst stark und schnell 33
Engel haben kein Geschlecht 35
Engel haben Flügel 37
Engel können unterschiedliche Gestalten annehmen 38
Engel trotzen nicht den Befehlen Allahs 40
Engel sind des Verborgenen (Ghayb) unkundig 46

MANCHE ENGEL UND IHRE AUFGABEN 48
Die vier großen Engel 48
   Dschabrail 48
   Mikail 51
Azrail (der Engel des Todes) 52
   Israfil 55
Die Kiraman Katibin (Hafaza Engel) 57

Die Engel der Befragung (Munkar und Nakir)..................................60
Die Muqarrabun Engel (Qarubiyyun)..62
Hamala-i Arsh (Die Engel, die das Arsh tragen)..............................63
Die Engel des Paradieses...64
Die Engel der Hölle 67

DER EINFLUSS DES GLAUBENS AN DIE ENGEL IN UNSEREM LEBEN......71

BIBLIOGRAFIE 75

WAS IST EIN ENGEL?

Der Glaube an die Engel, die zwischen den Geschöpfen eine auserkorene Position besitzen und im Laufe der Geschichte stets im Mittelpunkt der menschlichen Neugierde standen, ist eines der sechs Glaubensgrundsätze des Islams. „*Malak*", das arabische Wort für Engel, trägt die Bedeutung „Bote, Überbringer, jemand im Besitz von Kraft". (Isfahani, al-Mufradat, S. 82, 774-776) Die Pluralform des Wortes „*Malak*" lautet „*Malaika*". Als Begriff wird *Malak* als „Wesen aus Licht (*Nur*), die abgesehen von Ausnahmefällen nicht mit den Sinnesorganen wahrgenommen werden können, die über manche spezielle Fähigkeiten verfügen und die lediglich mit der Ausführung der Befehle Allahs beauftragt sind" definiert.

Der Glaube an die Engel in verschiedenen Religionen und Kulturen

Der Glaube an die Engel ist eine gemeinsame Annahme und ein gemeinsamer Glaubensgrundsatz der abrahamitischen Religionen, also des

Judentums, des Christentums und des Islam. Dass der Glaube an die Engel in allen auf Offenbarungen beruhenden Religionen eine Glaubensangelegenheit ist, ist auch deshalb wichtig, weil dies aufzeigt, dass sie der gleichen Quelle entstammen. Andererseits zeigt der Glaube an die Engel auch auf, dass der Prophet Muhammed (saw.)[1] der Gesandte Allahs und der Islam die letzte göttliche Religion ist. (Erbaş, Ali, „Melek", *DIA*, XXIX, 37-39) Denn in allen abrahamitischen Religionen wird betont, dass die Engel verschiedene Aufgaben haben. In diesem Rahmen wird im Judentum besagt, dass die Engel manche Aufgaben haben, wie dass sie unter dem Befehl Gottes stehen, Ihm dienen, die Offenbarungen den Menschen kundgeben, die Menschen schützen und ihnen helfen. Wiederum gehört es laut dem Christentum zu den Aufgaben der Engel, dass sie Gott preisen und loben, Seine Gebote den Menschen überbringen, die Menschen schützen und ihnen helfen sowie dass sie die Verwaltung der Natur übernehmen. (Erbaş, „Melek", *DIA*, XXIX, 37-39) Außerdem wird in beiden Religionen besagt, dass die Anzahl der

---

[1] (saw.) ist die Abkürzung für „*Sallallahu alayhi wa sallam*" mit der Bedeutung „*Friede und Gruß sei mit ihm*".

Engel äußerst hoch ist. (Komisyon, Hadislerle Islam, I, 53)

Im Laufe der Geschichte kamen und vergingen viele Kulturen wie die der Babylonier, Sumerer, Assyrer und Hethiter und jedes Volk hatte eigene Glaubensverständnisse und Annahmen. Eine der wichtigsten Gemeinsamkeiten dieser Zivilisationen war jedoch, dass sie alle ihre als heilig akzeptierten Geister, allen voran die Engel, übermäßig respektierten oder fürchteten. Verschiedene Erscheinungen dieser Haltung machen sich sowohl in schriftlichen als auch in mündlichen Quellen erkennbar. (Erbaş, Melekler Alemi, S. 53 ff.) Auf die gleiche Weise findet sich der Glaube an Engel auch in Religionen des Fernostens und des alten Persiens wieder. So zum Beispiel im Zoroastrismus und in indischen Religionen wie dem Taoismus. (Erbaş, „Melek", *DIA*, XXIX, 37-39)

Auch in der *Dschahiliyyah*[2]-Gesellschaft, zu der der Prophet gesandt wurde, gab es den Glauben an die Engel, jedoch basierte dieser auf falschen Grundlagen. Denn die *Muschrikun*[3] von Mekka sahen

---

2 Der Begriff *Dschahiliyyah* beschreibt das Religions- und Sozialleben der Araber vor dem Islam. Breitgefasst beschreibt *Dschahiliyyah* individuelle sowie gesellschaftliche Sünden und Auflehnungen.
3 Als *Muschrik* (pl. *Muschrikun*) wird eine Person be-

die Engel als „Töchter Allahs" an. Allah entgegnet ihnen mit der Antwort *„Frage sie doch nach ihrer Meinung: Gehören deinem Herrn etwa die Töchter und ihnen die Söhne? Oder haben Wir die Engel als weibliche Wesen erschaffen, während sie anwesend waren? Dabei ist es fürwahr aus ihrer ungeheuren Erfindung, dass sie sprechen: „Allah hat gezeugt." Wahrlich, sie sind Lügner."* (as-Saffat, 37/149-152) und verkündet, dass ihre Behauptungen nicht fundiert sind und nicht der Wahrheit entsprechen.

Der Glaube an die Engel im Islam

Der Glaube an die Engel gehört zu den Glaubensgrundsätzen des Islams. Auch wenn dieser Glaube ein Grundsatz für sich ist, ist er doch eng mit den anderen Glaubensgrundsätzen verbunden. Allem voran bringt der Glaube an die Engel auch den Glauben an Allah und an die Ordnung, die Er für das Universum bestimmte, mit. Denn auch die Engel haben ihre Aufgaben in der Ordnung, die Allah im Universum schuf, und gehen ihren Pflichten, die Allah ihnen im Universum auflud, fehlerfrei nach.

---

zeichnet, die Allah andere beigesellt und anderen Personen oder Dingen außer Ihm dient.

DER GLAUBE AN DIE ENGEL IM ISLAM

Der Islam erzielt die weltliche und jenseitige Glückseligkeit des Menschen. Er verkündet die für die Rechtleitung notwendigen Regeln auf offensichtliche und unmissverständliche Weise. In dieser Hinsicht ist eines der Angelegenheiten, an die laut dem Koran geglaubt werden muss, der Glaube an die Engel. Denn im Vers *„Der Gesandte Allahs glaubt an das, was zu ihm von seinem Herrn (als Offenbarung) herabgesandt worden ist, und ebenso die Gläubigen; alle glauben an Allah, Seine Engel, Seine Bücher und Seine Gesandten..."* (al-Baqara, 2/285) wird ausdrücklich besagt, dass der Glaube an die Engel einer der Glaubensgrundsätze ist. In einem anderen Koranvers wird *„... Wer Allah, Seine Engel, Seine Schriften, Seine Gesandten und den Jüngsten Tag verleugnet, der ist fürwahr weit abgeirrt."* (an-Nisa, 4/136) verkündet und damit davor gemahnt, dass die Leugnung der Engel eine Person in *Dalalah*[4] stürzt. Der Glaube an die Engel zeigt zudem den Glauben an das *Ghayb*[5] auf, der eine grundlegende

---

4   *Dalalah* beschreibt das wissentliche oder unbewusste Abtriften vom rechten Weg.
5   Als *Ghayb* wird das Reich bezeichnet, dass weder mit dem Verstand noch mit den fünf Sinnesorganen erfassbar ist.

Das Existenzreich beseht aus weit mehr als nur aus dem, was wir sehen.

Eigenschaft der Muslime ist, die aufrichtig an Allah gebunden sind. (an-Nisa, 4/136)

Auch der Prophet Muhammed (saw.), der den Menschen von Allah als letzter Prophet gesandt wurde, deutete auf die Notwendigkeit des Glaubens an die Engel hin. In diesem Rahmen erwähnte der Prophet in der Überlieferung, die als *Dschibril Hadith* bekannt ist, beim Aufzählen der Glaubensgrundsätze auch den Glauben an die Engel. (Muslim, Iman, 5)

Wie kann die Existenz der Engel erfasst werden?

Die Wesen im Universum können als die mit den Sinnesorganen erfassbaren und als die nicht erfassbaren in zwei Kategorien unterteilt werden. Während wir manche Wesen mit unseren Augen sehen und mit unseren Händen anfassen können, können wir wiederum andere Wesen, auch wenn wir von ihrer Existenz überzeugt sind, weder sehen noch hören. Denn die Sinnesorgane können nur die Dinge zwischen bestimmten Stufen sehen, hören oder fühlen. Aus diesem Grund können wir die Wesen, die nicht mit diesen erfassbar sind, nicht leugnen. Es ist nicht möglich, den Bestand eines unsichtbaren

DER GLAUBE AN DIE ENGEL IM ISLAM

Existenzreiches zu leugnen, nur weil dieser nicht mit den Sinnesorganen zu erfassen, also nicht zu sehen ist. Wenn wir nur an das glauben, was wir sehen, und nur im Bereich des Verstandes wandeln, so reduzieren wir unsere Welt auf das sichtbare Reich und schließen das Herz aus. Dagegen besteht im Islam der Glaube an das Verborgene (*Ghayb*). Das *Ghayb* umfasst das Wissen, das der Mensch nicht mit seinem Verstand oder seinen Sinnesorganen erfassen kann und über das er nur mit dem Kundtun des Propheten, also mittels der Offenbarung, Kenntnis erlangen kann. (Isfahani, al-Mufradat, S. 616-617) Der Glaube an das Ghayb wird in vielen Versen des heiligen Korans aufgegriffen. In diesem Rahmen wird der Glaube an das Ghayb in manchen Versen als die Grundlage zum Muslim Sein akzeptiert: *„Die an das Verborgene glauben…"* (al-Baqara, 2/3) In manch anderen Versen hingegen wird betont, dass das Wissen über das Ghayb einzig und allein Allah gehört: *„Er verfügt über die Schlüssel des Verborgenen; niemand kennt sie außer Ihm…"* (al-An'am, 6/59) Obgleich wird erklärt, dass Allah, wenn Er es erwünscht, manche Informationen über das Ghayb seinen Gesandten verkündet:

„(Oh ihr, die ihr leugnet!) Nimmer wird Allah die Gläubigen in dem Zustand belassen, in dem ihr euch befindet, bis Er das Schlechte vom Guten gesondert hat. Und nimmer wird Allah euch Einblick in das Verborgene gewähren, doch Allah erwählt von Seinen Gesandten, wen Er will (um ihnen das Verborgene kundzutun) ..." (Al-i Imran, 3/179)

In dieser Hinsicht ist Allah, der Schöpfer des Universums, für uns eine Existenz des Verborgenen. Auf die gleiche Weise sind auch die Wesen wie die Engel, die Dschinn und der Teufel Existenzen, die nicht mit den Sinnesorganen erfassbar sind. Ausgehend von den Verkündungen der Propheten glauben wir jedoch aus ganzem Herzen an die Existenz all dieser Wesen.

Äußerungen über die Engel sind nichts weiter als persönliche Meinungen und Vorstellungen, solange sie nicht mit Koranversen und authentischen Ahadithen belegt werden. Allah zeigt im Koran viele Verse vor, die auf die Existenz der Engel hinweisen. In diesen Versen wird besagt, dass die Engel schon vor Adam, dem Vater aller Menschen, existierten; (al-Baqara, 2/30) und dass sie Wesen sind, die Allahs Befehle befolgen und sich Ihm gegenüber keinesfalls auflehnen. (at-Tahrim, 66/6) Zudem wird berichtet, dass sie weder essen noch trinken (Hud, 11/69-70) und Flügel haben. (al-Fatir, 35/1) Auch die Koranverse, die daran erinnern, dass der Glaube an die Engel zu den Glaubensgrundsätzen gehört, lassen keinen Grund zum Zweifel an der Existenz dieser Wesen.

Im Koran wird davon erzählt, dass die Engel mit Ibrahim (Abraham), Lut (Lot), Zakaria (Zacharias) und Maryam (Maria) sprachen und am Jüngsten Tag mit denen, die in die Hölle eintreten werden, sprechen werden. All diese göttlichen Verkündungen zeigen auf, dass die Engel wahre Wesen sind. (Güneş, *Meleklere Iman*, S. 25 ff.)

Neben den Versen des heiligen Korans geben auch die Ahadithe des Propheten Auskunft über die Beschaffenheit der Engel. Laut der Überlieferung, die als *Dschibril Hadith* bekannt ist, kam Dschabrail in der Gestalt eines Menschen zum Propheten (saw.), während auch seine Gefährten (*Sahaba*) anwesend waren, fragte ihn manche Fragen über den Islam, den Glauben (*Iman*) und über Ihsan[6] und ging wieder, nachdem er die

---

6   Ihsan bedeutet, jegliche Handlung den Regeln ent-

Die Existenz der Engel ist eine Realität, die im Laufe der Geschichte stets Anklang fand.

DER GLAUBE AN DIE ENGEL IM ISLAM

Antworten seiner Fragen erhielt. Eine Gruppe der Gefährten wurde Zeuge dieser Begebenheit. Diese Überlieferung, die in der islamischen Literatur ihren Platz fand, ist einer der offenkundigsten Beweise in den Ahadithen für die Existenz der Engel. (Muslim, Iman, 1)

Manche Ahadithe enthalten Informationen, die zur Festigung und Erläuterung des koranischen Wissens über die Engel dienen. Beispielsweise wird im heiligen Koran zwar angegeben, dass das Ende der Welt (*Qiyamah*) mit dem Blasen des Horns ausbrechen wird, jedoch wird der Name des Engels, der die Qiyamah ankündigen wird, nicht erwähnt. Dass dieser Engel Israfil heißt, lernen wir aus den Ahadithen. (Muslim, Musafirin, 200) Auf die gleiche Art und Weise wird im heiligen Koran vom Leben im Grab erzählt, jedoch nichts über die Engel der Befragung kundgegeben. Wieder lässt sich aus den Ahadithen schließen, dass diese Engel Munkar und Nakir heißen. (Tirmidhi, Dschana'iz, 70)

Manche islamische Gelehrte legten verschiedene geistige Beweise vor, um die Existenz der Engel zu belegen. Der Glaube an die Engel ist ein Glaubensgrundsatz des Islams. Es ist eine Angelegenheit, die

---

sprechend und auf die beste Weise zu vollführen.

> **Engel sind wahre Existenzen, die mit den Sinnesorganen nicht wahrgenommen werden können.**

sowohl im Christentum und im Judentum als auch in manchen Religionen, die keinen göttlichen Ursprung haben, angenommen wird. Diese Tatsache zeigt auf, dass die Existenz der Engel eine Realität ist, die im Laufe der Geschichte stets Anklang fand.

Die Existenz der Engel ist auch aus geistiger Sicht möglich. Der Mensch kann nicht alles sehen und wissen. Sein Wissen und seine Wahrnehmung sind nicht ausreichend, um das ganze Universum zu erfassen. Aus diesem Grund ist es nicht möglich, die Existenz von Wesen zu leugnen, die Allahs Ehre, Erhabenheit, Schönheit und Ferne von jeglichem Mangel besser als der Mensch wissen. Diese Wesen sind zweifellos die Engel. Sie sind Wesen aus Licht (*Nur*), die ihre gesamte Zeit mit der Glaubenspraxis für Allah verbringen, Seine Erhabenheit zu würdigen wissen, Ihn lobpreisen und Seine makellosen Eigenschaften rühmen. (Serdar, „*Hristiyanlık ve Islam'da Meleklerin Varlık ve Kısımları*", S. 145)

Dass das Wissen über die Existenz der Engel mittels der Offenbarung erlangt wird, rechtfertigt keinen diesbezüglichen

Zweifel. Denn etwas kann nicht geleugnet werden, nur weil es nicht sichtbar ist. In diesem Fall würde die Existenz auf den Bereich begrenzt werden, der mit den Sinnesorganen erfassbar ist, und alles andere wäre nichtig. Dies wiederum bedeutet, dass der Mensch alle Wesen im Universum mit seinem eigenen Niveau begrenzt.

Das Wissen des Menschen über den Kosmos ist begrenzt. Gar ist sein Wissen neben dem, was er nicht weiß, so gut wie „nichts". Dieses Faktum verhindert die Behauptung, etwas, das nicht mit den Sinnesorganen zu erfassen ist, würde nicht existieren. In dieser Hinsicht ist ersichtlich, dass das Auge und auch die anderen Sinnesorgane des Menschen nicht in der Beschaffenheit erschaffen wurden, alles zu sehen und zu erfassen. So wie der Mensch mit bloßem Auge sehr kleine Wesen nicht sehen kann, kann er auch Dinge wie die Luft, die Seele und den Verstand, von deren Existenz er sicher ist, nicht sehen. Anderseits kann auch das perfekte Funktionieren der Natur nicht nur mit dem, was sichtbar ist, erklärt werden. Folglich wurden die Engel, die mit der Leitung und Steuerung des Universums beauftragt wurden, als wahre

Existenzen akzeptiert. (Güneş, Meleklere Iman, S. 23 ff.) So wurde beispielsweise mit der Formulierung „al-Mudabbirat (die die Angelegenheiten Regelnden)" (an-Nazi'at, 79/5) auf die Engel hingewiesen.

Wann wurden die Engel erschaffen?

Die Koranverse und Ahadithe enthalten keine präzise Information über den Schöpfungszeitpunkt der Engel. Jedoch kann den Koranversen, die über die Schöpfung Adams berichten, entnommen werden, dass die Engel schon vor den Menschen existierten. Denn wie auch im Koranvers besagt wird, sprachen die Engel, als Allah ihnen mitteilte, dass Er einen Statthalter (Khalifa) erschaffen werde: „*Willst Du auf ihr etwa jemanden einsetzen, der auf ihr Unheil stiftet und Blut vergießt, wo wir Dich doch lobpreisen und Deiner Heiligkeit lobsingen?*" (al-Baqara, 2/30) Folglich wurden die Engel vor den Menschen erschaffen. Wiederum kann niemand außer Allah wissen, wann sie genau erschaffen wurden.

Die primäre Aufgabe der Engel ist die Dienerschaft,

Lobpreisung und Danksagung zu Allah.

Warum wurden die Engel erschaffen?

Allah ist der Schöpfer allen Seins im Universum. Die Herrschaft und Leitung über die Geschöpfe gehört Ihm. (al-A'raf, 7/54) Bei der Bewerkstelligung der Ordnung des Universums benötigt Er weder eine andere Existenz noch einen Helfer. So deutet die Schöpfung der Engel nicht etwa auf einen Mangel Seiner Kraft oder auf eine Bedürftigkeit auf diese Wesen hin. Denn Allah ist as-Samad, also Der, Der auf nichts angewiesen ist und auf Den alles angewiesen ist. (al-Ihlas, 112/2)

Jeder Engel ist dazu verpflichtet, die ihm aufgelegten Aufgaben zu vollbringen. Während ein Teil der Engel dazu beauftragt sind, die Taten der Menschen festzuhalten, gibt es auch Engel, die lediglich die *Bayt-i Ma'mur*[7] umrunden müssen. Wiederum andere sind im Paradies oder in der Hölle beauftragt. Die Gemeinsamkeit all dieser Engel ist, dass sie durch die Erfüllung der ihnen gegebenen Aufgaben ihre Dienerschaft für Allah zum Ausdruck bringen. Dies bedeutet, dass die primäre Aufgabe der

---

7   *Bayt-i Ma'mur* ist die Gebetsstätte, die sich in der siebten Stufe des Himmels befindet und von Engeln umrundet wird.

Engel die Dienerschaft, Lobpreisung und Danksagung zu Allah ist. So verkündet Allah, dass die Engel damit beschäftigt sind, Ihn ohne Ermüdung Tag und Nacht zu lobpreisen. (al-Anbiya, 21/20) Dass manche Engel bestimmten besonderen Aufgaben nachgehen, gehört wieder zum Umfang ihrer Folgsamkeit und Dienerschaft für Allah.

Allah, der Erhabene, erschuf kein einziges Wesen im Universum ohne Grund. Von den einzelligen Lebewesen bis hin zu den Engeln bewegen sich alle Wesen im Universum im Rahmen der an sie gerichteten Gebote. Jedoch ist es für den Mensch nicht möglich, alle Zwecke, Gründe und Weisheiten der Schöpfung von Wesen zu wissen. Ohnedies trug Allah dem Menschen solch eine Verpflichtung nicht auf. Trotz allem versucht der Mensch mit dem ihm gegebenen Verstand die Weisheit hinter den Wesen und Dingen im Universum zu erfassen und zu verstehen. In vielen Versen des heiligen Korans wird dazu aufgefordert, die Geschehnisse in unserem Umfeld zu betrachten, von diesen Lehren zu ziehen und über ihre Schöpfung nachzudenken.

Jede Schöpfung birgt eine *Hikmah*[8]. Manchmal kann der Mensch mithilfe seines Verstandes die Hikmah mancher Dinge beurteilen. Jedoch wäre es falsch zu sagen, dass diese Schlussfolgerungen das Ziel Allahs sind. Denn die Hikmah ist für den Menschen eine Angelegenheit des Ghayb, also des Verborgenen, über den der Mensch kein Wissen besitzt.

Dass der Mensch im Maße seiner Kraft die Beschaffenheit oder Wahrheit der Angelegenheiten und Dinge versteht, wird als Hikmah bezeichnet. Die Hikmah hingegen, die außerhalb des Kontrollbereichs der Kraft und Macht des Menschen liegt, wird als „göttliche Hikmah" definiert. (Kutluer, Ilhan, „Hikmet", *DIA*, XVII, 503-511) In diesem Rahmen gehört auch die Schöpfung der Engel in den Bereich der göttlichen Hikmah. Es ist möglich, sich Gedanken über die Engel zu machen, ob die Schlussfolgerungen jedoch zutreffend sind oder nicht, ist eine Sache, die nur Allah wissen kann.

---

8   *Hikmah* ist der Grund, der den Menschen nicht bekannt ist und dessen Mysterium vom Verstand nicht begriffen werden kann.

DER GLAUBE AN DIE ENGEL IM ISLAM

Die Hilfe der Engel

Engel sind Wesen, die den von Allah aufgetragenen Aufgaben fehlerfrei nachgehen und keinesfalls ohne Seine Erlaubnis handeln. Aus diesem Grund ist es nicht möglich, dass sie ohne die Erlaubnis Allahs jemandem helfen. Daneben wird aber in verschiedenen Koranversen und Ahadithen besagt, dass die Engel mit der Erlaubnis Allahs den Muslimen Unterstützung und Hilfe leisten. Die Koranverse, die bezüglich der Schlacht von Badr, welche die erste große Schlacht der Muslime gegen die Muschrikun Mekkas ist, offenbart wurden, sind einer der deutlichsten Beweise, die auf die Hilfe der Engel hinweisen. Allah entsandte zur Hilfe der Muslime in der Schlacht von Badr zunächst 1000 Engel (al-Anfal, 8/9) und dann, um ihre Moral zu steigern, weitere 3000 Engel, sodass der Sieg gegen die Muschrikun beschleunigt wurde. (Kommission, *Kur'an Yolu Türkçe Meal ve Tefsir*, I, 666) Dies wird im Koran wie folgt verkündet: *„Als du zu den Gläubigen sagtest: ‚Genügt es euch denn nicht, dass euch euer Herr mit dreitausend herabgesandten Engeln unterstützt?' Ja doch! Wenn ihr standhaft und* *gottesfürchtig seid und sie unverzüglich über euch kommen, unterstützt euch euer Herr mit fünftausend gekennzeichneten Engeln."* (Al-i Imran, 3/124-125) Allah, der Erhabene, entsandte diese Engel lediglich als Zeichen des Sieges der Muslime sowie damit sie die Herzen beruhigten und ihnen Moral schenkten. Denn der Sieg liegt allein in Seiner Hand. Allah hätte, wenn Er es erwünscht hätte, ohne die Engel zu entsenden Furcht in die Herzen des Feindes gesetzt und die Gläubigen so zum Erfolg geführt. Doch Er bestimmte diese Gegebenheit auf diese Weise, weil Seine Hikmah die Hilfe durch die Entsendung der Engel verlangte. (Kommission, *Kur'an Yolu Türkçe Meal ve Tefsir*, I, 667)

In diesem Rahmen ist es möglich zu sagen, dass die Engel mit der Erlaubnis Allahs den Menschen zu jeder Zeit Hilfe und Unterstützung leisten können. Folglich wird ersichtlich, dass zwischen den Engeln und den Menschen, auch wenn ihre Beschaffenheit und ihr Wesen nicht bekannt sind, eine Verbindung besteht. Jedoch ist es nicht zutreffend, dies stets als einen praktischen, tätlichen Eingriff zu bewerten. Denn die Hilfe der Engel für die Menschen geschieht auch in Formen wie Allah um die Vergebung der Muslime zu bitten (*Istighfar*)⁹, in die Herzen der Menschen Gutes einzugeben, damit sie gute Taten vollziehen, die Menschen mit der Erlaubnis von Allah vor Leid und Gefahren zu beschützen, denen diese nicht bewusst sind, und mit der Erlaubnis, Bestimmung und Anordnung Allahs Hilfe zu leisten.

Schlussendlich ist das Wichtigste bezüglich der Hilfe von Engeln zu wissen, dass diese Hilfe mit der Erlaubnis Allahs erfolgt und dass abgesehen davon weder ein Engel noch ein anderes Wesen Hilfe leisten kann.

Die Niederwerfung der Engel vor dem Propheten Adam

An vielen Stellen des heiligen Korans wird erwähnt, dass die Engel sich vor dem Propheten Adam niederwarfen. Doch insbesondere in den 30.-32. Versen der Surah al-Baqara wird dieser Umstand detailliert dargestellt: *"Und als dein Herr zu den Engeln sagte: ,Ich bin dabei, auf der Erde einen Statthalter (Khalifa) einzusetzen', da sprachen sie: ,Willst Du auf ihr etwa jemanden einsetzen, der auf*

---

9   *Istighfar* bedeutet, Allah für die Vergebung der Fehler und Sünden zu bitten.

ihr Unheil stiftet und Blut vergießt, wo wir Dich doch lobpreisen und Deiner Heiligkeit lobsingen?' Allah sprach: ‚Ich weiß, was ihr nicht wisst." Und Er lehrte Adam alle Namen. Hierauf legte Er sie den Engeln vor und sagte: ‚Teilt Mir deren Namen mit, wenn ihr wahrhaftig seid!' Sie sagten: ‚Preis sei Dir! Wir haben kein Wissen außer dem, was Du uns gelehrt hast. Du bist der Allwissende und Allweise.'" (al-Baqara, 2/30-32).

Die Niederwerfung der Engel vor Adam geschah mit dem Befehl Allahs. Die Niederwerfung vor Adam ist ein Zeichen des Respekts und der Ehre aufgrund seiner überlegenen Eigenschaften. Dies bedeutet, dass die Niederwerfung vor Adam keine als Glaubenspraxis vollzogene Handlung ist, sondern dass sie die Folge der Ergebenheit gegenüber Allahs Befehl und der Treue zu Ihm darstellt.

Die Anzahl der Engel

In Koranversen und Ahadithen wird von Engeln mit unterschiedlichen Aufgaben berichtet. Darunter befinden sich beispielsweise die vier großen Engel,

Engel besitzen von ihrer Erschaffung aus Fähigkeiten, die keine andere Existenz besitzt.

die Engel, die den *Arsh*[10] tragen, die Engel, die sich um den Arsh befinden, die schreibenden Engel, die Engel, die im Paradies beauftragt sind, und die Engel, die in der Hölle beauftragt sind. Jedoch wird in keiner dieser Quellen eine Zahl erwähnt, die auf die Anzahl der Engel schließen lässt. Folglich kann niemand außer Allah ihre Anzahl wissen. So wurde auch im heiligen Koran verkündet: *„… Aber niemand weiß über die Heerscharen deines Herrn Bescheid außer Ihm…"* (al-Muddaththir, 74/31)

Die Anzahl der Engel ist im Wissen Allahs verborgen. Aus den Ahadithen des Propheten kann nur entnommen werden, dass ihre Anzahl so groß ist, dass sie die Grenzen des menschlichen Verstands überschreitet. (Bukhari, Bad' al-Halq, 6; Muslim, Iman, 264)

DIE EIGENSCHAFTEN DER ENGEL

Engel sind Wesen aus Licht

Engel sind metaphysische Wesen aus Licht (*Nur*). Aus welcher Materie sie erschaffen

---

10 Arsh ist ein Begriff der sowohl im Koran als auch in den Ahadithen als Bezeichnung für die Herrschaft und den Thron Allahs benutzt wird.

wurden, wird im heiligen Koran nicht mitgeteilt. Wiederum berichtete Aischa (ra.)[11], die Ehefrau des Gesandten und die Mutter aller Gläubigen, dass der Prophet sagte: *„Die Engel wurden aus Licht (Nur), die Dschinn aus dem flammenden Feuer, Adam hingegen so, wie es euch (im Koran) beschrieben wurde (aus Lehm) erschaffen."* (Muslim, Zuhd, 60) Aus dem Licht erschaffene Wesen können nicht mit dem Auge gesehen werden und ihre Beschaffenheit kann nicht ganz erfasst werden. Es ist zudem bekannt, dass die Engel verschiedene Gestalten annehmen und dem Menschen in verschiedenen Formen erscheinen können.

Engel essen und trinken nicht

Islamische Gelehrte sind sich dessen einig, dass Engel weder essen noch trinken. Der deutlichste Beweis hierfür sind folgende Koranverse, die berichten, dass der Prophet Ibrahim den Engeln, die in menschlicher Gestalt kamen, Speisen darbot, diese aber nicht davon aßen: *„(Oh Muhammed!) Ist zu dir die Geschichte von den geehrten Gästen*

---

11 (ra.) ist die Abkürzung für *„Radiyallahu anh/anha/anhum"* und bedeutet „Möge Allah mit ihm/ihr/ihnen zufrieden sein".

Ibrahims gekommen? Als sie bei ihm eintraten und sagten: ‚Frieden sei mit dir!' Er sagte: ‚Friede sei mit euch!', ‚Dies sind unbekannte (fremde) Leute.' (hatte er gedacht) Er schlich sich zu seinen Angehörigen und brachte (zum Essen) dann ein ansehnliches Kalb her. Er setzte es ihnen vor; er sagte: ‚Wollt ihr nicht essen?' Er empfand in sich Furcht vor ihnen (als er sah, dass sie nicht aßen). Sie sagten: ‚Fürchte dich nicht.' Und sie verkündeten ihm einen kenntnisreichen Jungen." (adh-Dhariyat, 51/24-28)

Engel sind äußerst stark und schnell

Allah stattete die Engel mit manchen Eigenschaften aus, die den Eigenschaften anderer Wesen überlegen sind. Eine dieser Eigenschaften ist, dass sie äußerst stark und schnell sind. In den Koranversen, die auf diese Eigenschaften der Engel weisen, wird kundgegeben, dass Dschabrail eine Wegstrecke von fünfzigtausend Jahren in einem Tag zurücklegen kann. (al-Ma'aridsch, 70/4) Es wurde geäußert, dass die im betreffenden Vers angegebene „fünfzigtausendjährige Wegstrecke" eine Wegstrecke ist, die mit der Geschwindigkeit anderer Wesen zurückgelegt werden kann, die Engel jedoch aufgrund der Schnelligkeit, die ihnen gewährt wurde, dieselbe Strecke in einem Tag bewältigen können. (Baghawi, *Ma'alim at-Tanzil*, VIII, 220; Qurtubi, *Tafsir*, XVIII, 281-282)

Manchmal kam jemand zum Propheten und stellte ihm eine Frage. Noch bevor die fragende Person den Ort verließ oder während der Prophet seine Rede fortführte, übermittelte Dschabrail eine Offenbarung zu dieser Angelegenheit. (al-Mudschadila, 58/1) Diese Gegebenheit wird als weiterer Beweis für die Schnelligkeit der Engel angesehen.

So wie Allah den Engeln die Eigenschaft der Schnelligkeit gab, machte Er sie auch stärker als die anderen Wesen. Während im heiligen Koran von manchen Engeln erzählt wird, wird ihre Stärke deutlich betont. In diesem Rahmen wurde dieses Attribut für Dschabrail verwendet. Auf die gleiche Weise wurde auch betont, dass die Wächterengel der Hölle, welche auch *Zabaniyyah* genannt werden, sehr stark sind. Zudem wird im heiligen Koran auch berichtet, dass die Dschinn, die die Bewohner des Himmels zu belauschen versuchen, um von ihnen manche Informationen zu ergattern, von den starken Wächterengeln daran gehindert werden. (an-Nadschm, 53/5; at-Tahrim, 66/6; al-Dschinn, 72/8)

Engel haben kein Geschlecht

Allah erschuf die Menschen, die Pflanzen und manche weiteren Wesen in Paaren. Jedoch ist dies nicht für die Engel der Fall. Dabei werden die Engel im Judentum als „die Söhne Allah" bezeichnet. Im Christentum hingegen wird weder erwähnt, dass die Engel weiblich sind, noch dass sie männlich sind. („Melek", *DIA*, XXIX, 37-39)

Im heiligen Koran ist keine Information über das Geschlecht der Engel vorhanden. Wohingegen es viele Koranverse darüber gibt, dass Engel nicht weiblich sind. Denn in der Frühzeit des Islams behaupteten die Götzendiener (*Muschrikun*) Mekkas, die Engel seien weiblich und folglich die „Töchter Allahs". Im heiligen Koran wurde diese Angelegenheit ausdrücklich zurückgewiesen und die Steller dieser Behauptung wurden heftig getadelt: „*Und sie machen die Engel, die sie ja Diener des Allerbarmers sind, zu weiblichen Wesen. Waren sie denn Zeugen ihrer Erschaffung? Ihr (erlogenes) Zeugnis wird aufgeschrieben, und sie werden befragt werden."* (az-Zuhruf, 43/19)

Die Götzendiener waren stolz, wenn ihnen ein Junge geboren wurde, jedoch liefen ihre Gesichter aus Zorn und Scham rot an, wenn ihnen ein Mädchen geboren wurde. Sie verheimlichten die Geburt ihrer Töchter und begruben sie gar lebendig. (an-Nahl, 16/57-58) Dem ungeachtet enthielten sie sich auch nicht davor, Allah Töchter zuzuschreiben. Sie sahen die Engel also als „die Töchter Allahs" an. Diese schräge und verdrehte Glaubensvorstellung der Muschrikun wird im heiligen Koran wie folgt kritisiert: *„Hat denn euer Herr für euch die Söhne erwählt und Sich selbst unter den Engeln Töchter genommen? Ihr sagt da fürwahr ein gewaltiges Wort (dessen Verantwortung groß sein wird)."* (al-Isra, 17/40) Wiederum sah der Prophet, als er nach der Eroberung Mekkas in die Kaaba eintrat, Wandzeichnungen weiblicher Engel und ließ sie wegwischen.

Wie oben zu erkennen ist, stößt der heilige Koran die Weiblichkeit der Engel klar und deutlich ab. Indessen enthalten die Koranverse auch keine Informationen darüber, dass sie männlich seien. Folglich ist es auch falsch, sie als männlich zu bezeichnen. Weder die Weiblichkeit noch die Männlichkeit der Engel kann mit irgendeinem geistigen oder *naqli*[12] Beweis belegt werden.

Engel haben Flügel

Es besteht kein Zweifel, dass Engel Flügel haben. Gar wurden die Flügel der Engel, wie im Vers „*(Alles) Lob gehört Allah, dem Erschaffer der Himmel und der Erde, Der die Engel zu Gesandten gemacht hat mit Flügeln, (je) zwei, drei und vier! Er fügt der Schöpfung hinzu, was Er will. Gewiss, Allah hat zu allem die Macht.*" (al-Fatir, 35/1) angegeben wird, nicht mit einer bestimmten Anzahl begrenzt. Auch wird in den Hadith-Quellen beispielsweise überliefert, dass der Prophet Muhammed Dschabrail mit sechshundert Flügeln sah. (Bukhari, Bad' al-Halq, 7)

Über die Beschaffenheit der Engelsflügel können keine klaren Angaben gemacht werden. Der menschliche Verstand ist dessen unfähig, sich die Engelsflügel vorzustellen oder sie zu definieren.

---

12 *Naqli* bedeutet „auf dem heiligen Koran, der Sunnah und der Idschma' basierend".

Engel können unterschiedliche Gestalten annehmen

Engel sind Geschöpfe, die aus Licht (*Nur*) geschaffen sind. Zudem wird aus den Koranversen und Ahadithen ersichtlich, dass sie die Gestalt eines Menschen annehmen können. Wenn sie die menschliche Gestalt annahmen, konnten sie nicht nur von Propheten, sondern von allen Gläubigen und sogar von Ungläubigen gesehen werden. Die Koranverse und Ahadithe enthalten diesbezüglich viele Informationen. Laut einer dieser Informationen kamen die Engel zum Propheten Ibrahim (Abraham), um ihm ein Kind namens Ishaq (Isaak) zu verheißen, und der Prophet Ibrahim erkannte nicht, dass sie Engel waren, bis diese sich selbst vorstellten. (Hud, 11/69-71)

Ein weiteres Beispiel dafür, dass die Engel die menschliche Gestalt annehmen können, stellen die Gesandten (Engel) dar, die zur Vernichtung des Volkes vom Propheten Lut (Lot) gesandt wurden. Die Engel wurden in der Gestalt von Jungen mit schönen Gesichtern (Alusi, *Ruh al-Ma'ani*, VI, 301) zum Propheten Lut gesandt. Die obszöne Bevölkerung dieses Volkes, deren Zügellosigkeit und Perversität zuvor bei keinem Volk gesehen wurde, (al-A'raf, 7/80) wollte sich an den Engeln in Menschengestalt vergehen. Die Engel verkündeten dem Propheten Lut, der von dieser Situation äußerst besorgt war, dass sie die Gesandten Allahs seien, dass ihnen dieses Volk keinen Schaden zufügen könne und dass sie ins Verderben stürzen werden. (al-A'raf, 7/80-84; al-'Ankabut, 29/33)

Die Situation Dschabrails, der gesandt wurde, um Maryam (Maria) den Propheten Isa (Jesus) zu verheißen, ist ein anderes Beispiel für die Fähigkeit der Engel, Menschengestalt anzunehmen. Die diesbezüglichen Koranverse besagen Folgendes: *„(Oh Muhammed!) Und gedenke im Buch (im Koran) Maryams, als sie sich von ihren Angehörigen an einen östlichen Ort zurückzog. Sie nahm sich einen Vorhang vor ihnen (um sich von ihnen fernzuhalten). Da sandten Wir Unseren Geist (Dschabrail) zu ihr. Er stellte sich ihr als wohlgestaltetes menschliches Wesen dar."* (Maryam, 19/16-17)

Es wurde verkündet, dass Dschabrail, der der Engel ist, der mit dem Überbringen der Offenbarungen an die Propheten beauftragt ist, im Besitz überlegener Kräfte und eines prachtvollen Anblicks ist. (an-

Nadschm, 53/5-7) Während einerseits besagt wird, dass der Prophet Muhammed (saw.) ihn in seiner wahren Identität und mit seinen sechshundert Flügeln sah, wird andererseits auch überliefert, dass er ihn zu unterschiedlichen Zeiten in verschiedenen Gestalten sah. (Bukhari, Bad' al-Halq, 7) Beim Überbringen von Offenbarungen kam Dschabrail manchmal in der Gestalt des Gefährten Dihyah ibn Khalifa und manchmal in der Gestalt einer Person, die in diesem Umfeld nicht bekannt war, zum Propheten. Auf diese Weise wurde Dschabrail auch von den Gefährten gesehen. Dass die gesehene Person Dschabrail ist, wurde jedoch durch die Kundmachung des Propheten klargestellt. (Bukhari, Iman, 36)

Engel trotzen nicht den Befehlen Allahs

Allah zeigte den Menschen und den Dschinn einerseits den rechten und andererseits den falschen Weg auf. Zudem gab Er ihnen auch die Fähigkeit und Kraft, sich für einen dieser beiden Wege zu entscheiden. Dies bedeutet, dass die Dschinn und die Menschen mittels der ihnen gegebenen Entscheidungsfähigkeit sowohl Gutes verrichten können als auch

Der Glaube an die Engel verleitet die Person dazu, rechtschaffene Werke zu vollführen und sich für das ewige Reich vorzubereiten.

Übles. Die Engel hingegen unterscheiden sich in dieser Hinsicht von den Menschen und den Dschinn. Denn sie sind dazu beauftragt, die Befehle Allahs zu befolgen und lehnen sich Ihm gegenüber nicht auf. So wird auf diese Tatsache in einem Koranvers wie folgt aufmerksam gemacht: *„Oh die ihr glaubt! Bewahrt euch selbst und eure Angehörigen vor einem Feuer, dessen Brennstoff Menschen und Steine sind, über das hartherzige, strenge Engel (gesetzt) sind, die sich Allah nicht widersetzen in dem, was Er ihnen befiehlt, sondern tun, was ihnen befohlen wird."* (at-Tahrim, 66/6) Auf die gleiche Weise wird in anderen Koranversen verkündet, dass die Engel mit der Erfüllung der Gebote Allahs betraut sind, diesen Geboten eins zu eins nachgehen und die Auflehnung gegen Allah fürchten. (an-Nahl, 16/50; al-Anbiya, 21/27)

Auch wenn die Engel wahre Wesen sind, stellen sie auch verschiedene Symbole dar. Beispielsweise sind sie ein Symbol der Verbundenheit, Treue und Hingabe zu Allah. Sie sind ein anderes Beispiel der Ergebenheit der Propheten Ibrahim (Abraham) und Ismail (Ischmael) zu Allah. Die Engel handeln nur mit dem Befehl Allahs. Sie hören auf keine Anweisungen

„Oh! Bewahrt euch selbst und eure Angehörigen vor einem Feuer, dessen Brennstoff Menschen und Steine sind, über das hartherzige, strenge Engel (gesetzt) sind, die sich Allah nicht widersetzen in dem, was Er ihnen befiehlt, sondern tun, was ihnen befohlen wird."

Engel sind ein Symbol der Verbundenheit, Treue und Hingabe zu Allah.

anderer Personen oder Existenzen außer auf die von Allah. Wohl in Folge dieser Treue und Ergebenheit sind sie das Symbol der spirituellen Reinheit; der Reinheit jegliches Schmutzes und jeglicher Sünde. Engel sind im Besitz von Verstand und Bewusstsein, zugleich sprechen sie kein Wort und begehen keine Tat, die sie in Auflehnung gegen Allah bringen könnte. Sie sind zu jeder Zeit bereit, den Befehl Allahs zu befolgen. In diesem Sinne erinnern sie den Menschen, der zur Dienerschaft für Allah auf die Welt gesandt wurde, an seine wahre Aufgabe.

Einmal fragte der Gesandte Allahs Dschabrail, warum er ihn nicht öfter besuchen komme. Daraufhin verlas Dschabrail folgende Offenbarung Allahs: *"(Und die Engel sagen:) "Wir kommen nur auf Befehl deines Herrn herab. Ihm gehört (alles), was vor uns und was hinter uns und was dazwischen ist..."* (Maryam, 19/64; Bukhari, Bad' al-Halq, 6)

Eine der Bedeutungen des Wortes *Malak* (Engel) ist „Gesandter, Bote". Ein Gesandter ist damit beauftragt, lediglich das, was ihm befohlen wurde, also seine Pflicht zu erfüllen. Folglich ist es für die Engel nicht möglich, die Gebote Allahs zu überschreiten oder etwas ohne Seine Erlaubnis zu tun. (Ibn Qayyim al-Dschawziyyah, *Ighathat al-Lahfan*, II, 127) Denn sie besitzen keine Eigenschaften, die zum Begehen von Sünden führen (wie Wut, Begierde). (Güneş, *Meleklere Iman*, S. 35)

Engel haben verschiedene Aufgaben. Sie beschäftigen sich mit der Angelegenheit, für die sie erschaffen wurden. Dennoch ist ihre wahre Aufgabe das Lobpreisen Allahs. Dies bedeutet nicht, dass sie bewusstlose Wesen sind. Denn als Allah bestimmte, Adam zu erschaffen, sagten die Engel zu Ihm: *„Willst Du auf ihr etwa jemanden einsetzen, der auf ihr Unheil stiftet und Blut vergießt, wo wir Dich doch lobpreisen und Deiner Heiligkeit lobsingen?"* (al-Baqara, 2/30). Die Engel sprachen dieses Wort nicht als eine Auflehnung gegen Allah. Vielmehr wollten sie Informationen erlernen und die Weisheit (*Hikmah*) dieser Bestimmung erfassen. (Cebeci, *Kur'an'a Göre Melek, Cin, Şeytan*, S. 58) Folglich sind diese Aussagen wichtig, da sie aufzeigen, dass Engel im Besitz von Verstand und Bewusstsein sind. Jedoch wird ihnen das Sündigen vorenthalten. Der heilige Koran bietet ein bedeutendes Argument, dass die Engel Verstand und Bewusstsein besitzen und dabei sündenfrei/schuldlos sind. Demnach wird im Koranvers besagt: *„Al-Masih wird es nicht verschmähen, ein Diener Allahs zu sein, auch nicht die (Allah) nahegestellten Engel."* (an-Nisa, 4/172) Allah erwähnt die Engel in diesem Vers sowohl mit dem Menschen aufgrund der Gemeinsamkeit des Verstands (Güneş, *Meleklere Iman*, S. 36) als auch mit Jesus, der aufgrund seiner Prophetengabe sündenfrei ist - wie auch die Engel.

Die Engel sind keine Wesen ohne Verstand, Bewusstsein oder Wille. Auch wenn sie nicht wie der Mensch mit den Angelegenheiten, für die sie zur Verantwortung gezogen werden, verpflichtet sind, haben auch sie bestimmte Glaubenspraxen und Pflichten. Wie im heiligen Koran vorgegeben wird, fürchten Engel Allah und lehnen sich keineswegs gegen Ihn auf. Sie kommen nicht von den Befehlen Allahs ab. Sie sind vor Sünden geschützt. Letztendlich sind Engel Wesen im Besitz von Verstand, Wille und Bewusstsein.

Engel sind des Verborgenen (Ghayb) unkundig

Der Begriff *Ghayb* (das Verborgene) wird für die Dinge verwendet, die nicht mit den

Sinnesorganen erfasst werden können. Das Wissen über Ghayb gehört Allah. Im heiligen Koran wird verkündet: „*Er verfügt über die Schlüssel des Verborgenen; niemand kennt sie außer Ihm. Und Er weiß, was auf dem Festland und im Meer ist. Kein Blatt fällt, ohne dass Er es weiß…*" (al-An'am, 6/59) Dabei gibt Allah Seinen Gesandten, wenn Er will, Auskunft über das Ghayb. Dies wird im heiligen Koran wie folgt verkündet: „*(Er,) der Kenner des Verborgenen – Er enthüllt niemandem das, was bei Ihm verborgen ist, außer dem Gesandten, den Er bewilligt. Da lässt Er vor ihm und hinter ihm Wächter einhergehen, damit Er weiß, ob sie wohl die Botschaften ihres Herrn ausgerichtet haben, und dass Er das, was bei ihnen ist, umfasst, und Er die Zahl von allem erfasst.*" (al-Dschinn, 72/26-28)

Engel sind Wesen, die dem Befehl Allahs treu sind und kein anderes Wissen besitzen als das, das Er ihnen zuteilwerden lässt. In den Versen des heiligen Korans, in denen die Schöpfung Adams abgehandelt wird, wird die Tatsache, dass die Engel das Ghayb nicht wissen und ihr Wissen mit dem, was Allah ihnen mitteilt, begrenzt ist, wie folgt erläutert: „*Sie (die Engel) sagten: ‚Preis sei Dir! Wir haben kein Wissen außer dem, was Du uns gelehrt hast. Wahrlich, Du bist der Allwissende und Allweise.'"* (al-Baqara, 2/32)

MANCHE ENGEL UND IHRE AUFGABEN

In Koranversen und Ahadithen werden die Eigennamen und Aufgaben mancher Engel erwähnt. Von einem Teil der Engel werden hingegen lediglich ihre Aufgaben erwähnt. In diesem Kapitel werden die angegebenen Namen und Aufgaben mancher Engel abgehandelt.

Die vier großen Engel

Dschabrail

Dschabrail ist der Engel, der die Offenbarung (*Wahiyy*) Allahs an die Propheten überbringt. Er wird im heiligen Koran mit Namen wie *Ruh al-Qudus* (al-Baqara, 2/87, 253), *Ruh al-Amin* (asch-Schu'ara, 26/193), *Ruh* (al-Qadr, 97/4) und *Namus-u Akbar* (Ibn Ishaq, *Sirah*, S. 122) erwähnt, an drei Stellen wiederum wurde er *Dschibril* genannt. (al-Baqara, 2/97, 98; at-Tahrim, 66/4) In Ahadithen wurde dieser Name auch als *Dschabrail* erwähnt.

Der berühmteste Hadith über Dschabrail ist die von Umar überbrachte Überlieferung, welche auch als „Dschibril Hadith" bekannt ist. In dieser Überlieferung kommt Dschabrail in der Gestalt eines Menschen zum Propheten Muhammed, stellt ihm verschiedene Fragen bezüglich Themen wie des Glaubens (*Iman*), Islam und Ihsan und ging wieder. Später verkündete der Prophet (saw.) seinen Gefährten, dass diese Person Dschabrail war. (Muslim, Iman, 1)

Allah zeigt im heiligen Koran verschiedene überlegenen Eigenschaften Dschabrails auf. In den Versen, in denen von seinen physischen Eigenschaften erzählt wird, werden Attribute wie „sehr stark, prachtvoll aussehend" (an-Nadschm, 53/5-6) betont. Außerdem wird seine Position zwischen den Engeln als „ein edler Gesandter, dem die Engel gehorchen und dem vertraut wird" hervorgetan. (at-Takwir, 81/19-21)

Alle Menschen außer den Propheten konnten Dschabrail in menschlicher Gestalt sehen. So wie Dschabrail beispielsweise vor Maryam in Menschengestalt trat (Maryam, 19/17) oder wie er sich – wie im Dschibril Hadith erwähnt wird - den Gefährten in menschlicher Gestalt zeigte. Andererseits wird in den Literaturquellen auch aufgeführt, dass Dschabrail dem Propheten meistens in der Gestalt des Gefährten Dihyah ibn Khalifa die Offenbarungen überbrachte. Gleichzeitig wird in den Quellen besagt, dass der Prophet Dschabrail in seiner wahren Schöpfungsgestalt zweimal sah: Einmal während des *Miradsch* (Himmelfahrt), (an-Nadschm, 53/7-9; at-Takwir, 81/19) und ein weiteres Mal kurze Zeit vor der ersten Offenbarung. (Bukhari, Bad' al-Wahiyy, 1)

Dschabrail, der zu den *Muqarrabun* und zu den Engeln, die das *Arsh* tragen, gehört, ist für die Muslime von großer Bedeutung, da er zudem der Engel der Offenbarung ist. Er ist der Engel, der dem Propheten Muhammed den heiligen Koran, der die vorherigen Bücher berichtigt, überbrachte. Während er dieser Aufgabe nachging, folgte er lediglich dem Befehl Allahs. Die Existenz Dschabrails zu leugnen oder, wie es im Judentum der Fall ist, ihm gegenüber Feindschaft zu hegen, steht im Widerspruch zum Islam. Denn ihn als Feind zu betrachten, bedeutet in Wahrheit Feindschaft gegen Allah, Der die Offenbarung sandte.

Mikail

Ein weiterer Engel, dessen Name im heiligen Koran offenkundig genannt wird, ist Mikail. Der Name Mikail wird im heiligen Koran an einer Stelle wie folgt erwähnt: *„Wer Allah, Seinen Engeln, Seinen Gesandten, Dschabrail und Mikail feind ist, so ist Allah den Ungläubigen feind."* (al-Baqara, 2/98)

Obwohl bezüglich der Aufgabe Mikails den Koranversen keine Information zu entnehmen ist, geben manche Ahadithe Auskunft über seine Aufgabe. Laut einer dieser Ahadithe fragte der Gesandte Allahs Dschabrail nach der Aufgabe Mikails, worauf dieser seine Aufgabe als „Regen (fallen zu lassen), Pflanzen (wachsen zu lassen)" beschrieb. (Ibn Abi Schaybah, Musannaf, VII, 159) Folglich wurde ihm die Pflicht aufgetragen, die Naturgeschehnisse zu verwalten. Zudem besagten manche Gelehrte, dass auch „die Versorgung (Rizq) der Lebewesen" zu den Aufgaben Mikails gehöre. (Subki, Scharhu Sunan Abi Dawud, V, 178)

Der Prophet Muhammed erwähnte manchmal in seinen Gebeten neben Dschabrail und Israfil auch den Namen Mikails und sprach: *„Oh Allah, der Herr*

Dschabrails, Mikails und Israfils!" (Muslim, Musafirin, 200) Dieser Hadith ist auch wichtig, da er die Vorzüglichkeit und die Bedeutung Mikails aufzeigt. Andererseits wurden in den Quellen auch so manche Angaben festgehalten, nach denen in der Schlacht von Badr neben Dschabrail auch Mikail als Kommandant anwesend war. (Ibn Hanbal, XXI, 55)

Azrail (der Engel des Todes)

Für den Engel, der damit beauftragt ist, die Leben der Menschen zu nehmen, wird im heiligen Koran die Bezeichnung „Todesengel/der Engel des Todes" benutzt: *„Sprich: ‚Abberufen wird euch der Engel des Todes, der mit euch betraut ist, hierauf werdet ihr zu eurem Herrn zurückgebracht.'"* (as-Sadschda, 32/11) Während das „Abberufen" oder „Leben Nehmen" in diesem Vers einem Todesengel zugeschrieben wird, wird das Leben Nehmen in einem anderen Vers mehr als nur einem Engel zugeschrieben: *„...Und Er sendet Hüter über euch, bis, wenn dann zu einem von euch der Tod kommt, ihn Unsere Gesandten abberufen, und sie vernachlässigen nichts."* (al-An'am, 6/61)

In Wahrheit ist es Allah, Der der Schöpfer von allem ist, Der die Leben nimmt und gibt. So wird auch in einem Koranvers *„Allah beruft die Seelen der Menschen zur Zeit ihres Todes ab und auch diejenigen, die nicht gestorben sind, während ihres Schlafes…"* (az-Zumar, 39/42) verkündet. In einer diesbezüglichen Überlieferung hingegen wird geäußert, dass Azrail (der Engel des Todes) ohne den Befehl Allahs nicht einmal die Seele einer Mücke nehmen kann. (Tabarani, *al-Mu'dscham al-Kabir*, IV, 220) In diesem Sinne geht der Engel des Todes lediglich der ihm aufgetragenen Aufgabe nach.

Auch ist es ein wichtiges Thema, ob Azrail bei der Vollführung seiner Aufgabe von anderen Engeln geholfen wird oder nicht und ob es noch weitere Engel gibt, die dazu beauftragt sind, die Leben der Menschen zu nehmen. Ausgehend von verschiedenen Koranversen ist es angebracht zu sagen, dass es mehr als einen Todesengel gibt. Denn im heiligen Koran wird diese Tatsache mit den Versen *„…bis, wenn dann zu einem von euch der Tod kommt, ihn Unsere Gesandten abberufen, und sie vernachlässigen nichts."* (al-An'am, 6/61) und *„…bis dass, wenn Unsere Gesandten dann zu ihnen* *kommen, um sie abzuberufen, sie sprechen: ‚Wo ist das, was ihr außer Allah anzurufen pflegtet?'..."* (al-A'raf, 7/37) zum Ausdruck gebracht.

Die Todesengel können als die Helfer Azrails bezeichnet werden. Ein Teil dieser Engel ist dazu beauftrag, die Leben der Muslime zu nehmen, während ein anderer Teil dazu beauftragt ist, die Leben der Ungläubigen (*Kafirun*) zu nehmen. Die Engel nehmen die Leben der Muslime auf sanfte Art, ohne ihnen Leid zuzufügen: *„...die die Engel abberufen, während sie gute (Menschen) gewesen sind. Sie sprechen: ‚Friede sei auf euch! Geht in das Paradies ein für das (Gute), was ihr zu tun pflegtet.'"* (an-Nahl, 16/32) Die Leben der Ungläubigen hingegen werden von den Engeln mit Leid genommen, so als würden sie ihnen die Strafe, die ihnen im Jenseits widerfahren wird, kundmachen: *„Und wenn du sehen würdest, wenn die Engel diejenigen abberufen, die ungläubig sind, wobei sie sie ins Gesicht und auf den Rücken schlagen und (sprechen): ‚Kostet die Strafe des Brennens!'"* (al-Anfal, 8/50; Muhammed, 47/27)

Demnach ist es möglich zu sagen, dass der Engel namens Azrail der Führer der Todesengel ist oder dass er Helfer unter den Engeln hat. (Kommission, *Kur'an Yolu Türkçe Meal ve Tefsir*, IV, 352)

Wie Azrail oder die beauftragten Engel die Leben tausender Menschen in verschiedenen Orten der Welt im gleichen Moment abberufen, ist durch die Engel, die zur Hilfeleistung für Azrail beauftragt sind, zu erklären. Außerdem wird bezüglich dieser Angelegenheit auch die Vielheit der Engel und ihre Fähigkeit, schnell zu handeln, aufgeführt.

Israfil

Die Aufgabe des Engels Israfil ist es, in das Horn namens *Sur* zu blasen, welches das Ende des weltlichen Lebens ankündigen wird. Im heiligen Koran wird zwar vom Blasen des Hornes, welches das Ende der Welt (*Qiyamah*) ankündigt, erzählt, Israfils Name wird jedoch nicht erwähnt. Dieser Name wird in den Ahadithen explizit genannt: „*Oh Allah, der Herr Dschabrails, Mikails und Israfils!*" (Muslim, Musafirin, 200) In manchen Ahadithen hingegen wird in Anspielung auf das Horn (*Sur*), mit dessen Blasen Israfil beauftragt ist, der Name „der Besitzer des Horns (*Sur*)" (Ibn Hanbal, XVII, 123) benutzt. Die islamischen Gelehrten sind der einheitlichen Auffassung, dass

DER GLAUBE AN DIE ENGEL IM ISLAM

der Engel, der die Aufgabe hat, in das Horn zu blasen, Israfil ist.

Über die Beschaffenheit des *Sur*, in das Israfil zur Ankündigung der Qiyamah blasen wird, ist in den Koranversen keine Information vorhanden. Wiederum wurde in verschiedenen Ahadithen vorgegeben, dass es die Form eines Horns hat. Aufgrund dessen wird für Israfil in den Quellen auch der Name „*Sahib al-Qarn*" (Ibn Abi Schaybah, Musannaf, VI, 76) benutzt.

Israfil, der auch als „*der Engel des Sur*" (Tabarani, al-Mu'dscham al-Avsat, IX, 114) bekannt ist, wird zweimal in das Horn blasen. Beim ersten Mal wird das Leben für alle Lebewesen zu Ende gehen, das heißt, die *Qiyamah* (der Weltuntergang) wird anfangen. Diesbezüglich besagt der heilige Koran: „*Und es wird ins Horn geblasen, und da bricht zusammen, wie vom Donnerschlag getroffen, wer in den Himmeln und wer auf der Erde ist, außer wem Allah will. Hierauf wird ein weiteres Mal hineingeblasen, da stehen sie sogleich auf und warten.*" (az-Zumar, 39/68) Wenn Israfil zum zweiten Mal in das Horn bläst, werden alle toten Lebewesen wiederauferstehen und sich für die Rechenschaft am Ort namens *Mahschar*[13]

---

13 *Mahschar* ist der Ort, an dem sich alle Lebewesen

versammeln. Darüber wird im heiligen Koran wie folgt berichtet: *„Es wird ins Horn geblasen werden, und da laufen sie sogleich schnell aus den Gräbern zu ihrem Herrn herbei."* (Ya-Sin, 36/51)

Die Kiraman Katibin (Hafaza Engel)

Kiraman Katibin, was „wertvolle Schreiber" bedeutet, sind die Engel, deren Aufgabe es ist, die Aussagen und Taten der Menschen niederzuschreiben und festzuhalten. (Güneş, *Meleklere Iman*, S. 52) Diesbezüglich wird in einem Koranvers Folgendes besagt: *„Über euch sind wahrlich Hüter, edle Schreiber (eingesetzt). Sie wissen, was ihr tut."* (al-Infitar, 82/10-12) Diese Engel wurden auch als *Hafaza Engel* bezeichnet, mit der Bedeutung „die Beobachtenden und Aufzeichnenden der Taten der Menschen".

Das von den Engeln Aufgezeichnete wird uns am Jüngsten Tag als Tatenregister vorgelegt. Diese Tatenregister beinhalten alle kleinen und großen Taten, die der Mensch vollführte. Der heilige Koran kündigt diese Tatsache wie folgt an: *„Und*

---

am Jüngsten Tag nach ihrer Wiederauferstehung versammeln werden, um zur Rechenschaft gezogen zu werden.

das Buch wird hingelegt. Dann siehst du die Übeltäter besorgt wegen dessen, was darinsteht. Sie sprechen: ‚O wehe uns! Was ist mit diesem Buch? Es lässt nichts (unserer Taten) aus, weder klein noch groß, ohne es zu erfassen.' Sie finden (alles), was sie taten, gegenwärtig. Dein Herr tut niemandem Unrecht." (al-Kahf, 18/49) Während der Engel zur Rechten des Menschen seine guten und ansehnlichen Taten erfasst, schreibt der Engel zu seiner Linken seine Übeltaten und Sünden nieder. Wenn die Wohltaten und die Ansehnlichkeit einer Person überwiegen, so wird ihr das Buch (Tatenregister) von ihrer Rechten übergeben und sie tritt in das Paradies ein. (al-Haqqa, 69/19-24) Wird ihr das Buch jedoch von ihrer Linken (al-Haqqa, 69/25) oder von Hinten (al-Inschiqaq, 84/10) übergeben, so bedeutet dies, dass die Sünden und Übeltaten dieser Person überwiegen.

Über die Kiraman Katibin sind auch in den Ahadithen verschiedene Informationen wiederzufinden. In einem *Hadith Qudsi*[14] wird folgendes besagt: *„Allah sagt (zu den Kiraman Katibin): Wenn Mein Diener*

---

14 Als *Hadith Qudsi* wird ein Hadith bezeichnet, den der Prophet Muhammed außer-koranisch auf Allah zurückführend äußerte.

eine Sünde zu begehen wünscht, so schreibt sie nicht nieder, solange er sie nicht begeht, doch falls er sie begeht, so schreibt ihm nur eine Sünde nieder. Für den Fall, dass er für Mich von der Sünde ablässt, so schreibt ihm eine Wohltat nieder. Wenn Mein Diener eine gute Tat zu begehen wünscht und sie nicht vollführen kann, so schreibt ihm (wieder) eine Wohltat/einen Lohn (Sawab) zu, falls er die gute Tat vollführt, so schreibt ihm zehn- bis siebenhundertfachen Sawab zu." (Bukhari, Tawhid, 35) In diesem Hadith wird zum einen angegeben, dass die Taten der Menschen festgehalten werden, und zum anderen der Weg aufgezeigt, den die Kiraman Katibin bei der Niederschrift der Taten verfolgen, sodass die Menschen zum Guten angeregt und vom Üblen zurückgehalten werden. (Güneş, *Meleklere Iman*, S. 54) Allah beauftragte die Engel damit, die Taten der Menschen festzuhalten. Jedoch bedeutet dies nicht, dass Er auf die Engel angewiesen wäre oder Selbst nicht den Taten der Menschen kundig wäre. Allah weiß nicht nur die begangenen Taten des Menschen, sondern zugleich auch, was er für Gedanken hegt und was ihm eingeflüstert (*Waswasa*) wird. So wird auch im heiligen Koran verkündet: „*Wir haben ja den Menschen erschaffen und wissen, was seine Seele ihm alles einflüstert, und Wir sind ihm doch näher als seine Halsschlagader.*" (Qaf, 50/16) Der Mensch, der nicht grundlos erschaffen wurde, wird in seinem weltlichen Leben einer Prüfung unterzogen und steht in jedem Augenblick unter der Überwachung von Allah. Allah ist Der, Der über alles kundig ist (al-Khabir); Der, Der alles Geheime und Offenkundige, Vergangene und Zukünftige weiß (al-Alim). Zugleich ist er as-Samad. Dies bedeutet, dass Er Selbst auf nichts angewiesen ist, jedoch alles auf Ihn angewiesen ist.

Die Engel der Befragung (Munkar und Nakir)

Das Leben im Grab umfasst das Leben ab dem Tod bis zur Wiederauferstehung. Es wird auch *Barzah*-Leben oder *Barzah*-Reich genannt, was ‚Hindernis' zwischen der Welt und dem Jenseits bedeutet. Der heilige Koran verkündet: „*…vor ihnen wird ein trennendes Hindernis (Barzah) sein bis zu dem Tag, da sie auferweckt werden.*" (al-Mu'minun, 23/100)

In verschiedenen Versen des heiligen Korans wird auf das Leben im Grab als der erste Halt des jenseitigen Lebens verwiesen, jedoch werden keine detaillierten Angaben bezüglich der Eigenschaften dieses Lebens gemacht. Das Barzah-Reich ist nicht nur mit Koranversen, sondern auch mit Ahadithen erwiesen. Beispielsweise wird in einem Hadith *„Das Grab ist die erste Station der jenseitigen Stationen. Wenn eine Person diese Station übersteht, passiert er auch die folgenden Stationen mit Leichtigkeit. Übersteht er sie jedoch nicht, so wird es auch schwerer sein, die folgenden zu passieren."* (Tirmidhi, Zuhd, 5) besagt. In einem anderen Hadith wird mit der Aussage *„Das Grab ist entweder ein Garten aus den Paradiesgärten oder eine Grube aus den Höllengruben."* (Tirmidhi, Qiyamah, 27) zum Ausdruck gebracht, dass das jenseitige Leben mit dem Tod anfängt.

Wenn der Mensch stirbt, kommen zwei Engel zu ihm und stellen ihm verschiedene Fragen. In den Ahadithen wird angegeben, dass diese zwei Engel Munkar und Nakir heißen. Es wurde überliefert, dass Munkar und Nakir zum verstorbenen und begrabenen Menschen kommen und ihm manche Fragen wie

„Wer ist dein Herr?" und „Was ist deine Religion?" stellen. Auch wurde überliefert, dass Gläubigen und Rechtschaffenen diese Fragen richtig beantworten und im Gegenzug das Paradies sehen werden; dass die Ungläubigen (*Kafirun*) hingegen die Fragen nicht richtig beantworten können werden und die Hölle zu sehen bekommen. (Abu Dawud, Sunen, 27)

Die Muqarrabun Engel (Qarubiyyun)

Die Engel unterscheiden sich in ihren Rängen. *Muqarrabun* bedeutet „die Nahestehenden, die in die Nähe Herangeführten". Die Muqarrabun Engel werden als die erhabensten Engel angesehen. Ein anderer Name dieser Engel ist *Qarubiyyun*. Qarubiyyun bedeutet „sehr stark". (Ibn al-Athir, *al-Nihayah*, IV, 161) So wie es Gelehrte gibt, die die Engel um das *Arsh*, wie Dschabrail, Mikail, Israfil und Azrail, und die Engel, die das Arsh tragen zu den Muqarrabun zählen (Tha'labi, *al-Kaschf wa al-Bayan*, III, 420), gibt es auch Gelehrte, die alle Engel in diese Gruppe miteinbeziehen. (Alusi, *Ruh al-Ma'ani*, III, 212)

Die Nähe der Muqarrab Engel ist aufgrund ihres Stellenwerts bei Allah. Beispielsweise werden in einem

Koranvers auch die Tugendhaften und Rechtschaffenen unter den Menschen als Muqarrabun dargestellt. (al-Waqi'a, 56/10-12) Folglich ist nicht von einer physischen Nähe, sondern von einer Nähe im Sinne von moralischem Wert, Rang und Achtung die Rede.

Hamala-i Arsh
(Die Engel, die das Arsh tragen)

Hamala-i Arsh trägt die Bedeutung „die Engel, die das Arsh tragen". Der Begriff *Arsh* jedoch ist ein Begriff, den nur Allah wissen kann und der nur von den im Wissen Vertieften erfasst werden kann. Arsh hat verschiedene Bedeutungen wie „Herrschaft, Thron und das gesamte Universum".

Die Engel, die das Arsh tragen, wurden als die erhabensten Engel akzeptiert. Zugleich wurden sie zu den Muqarrabun Engeln gezählt. (Radhi, *Tafsir*, XXVII, 487) In den Koranversen bezüglich der Qiyamah (dem Weltuntergang) wird die Anzahl der Engel, die das Arsh tragen, als acht kundgegeben: *„Und der Himmel spaltet sich, so dass er an jenem Tag brüchig wird, und die Engel (befinden sich) an seinen Seiten. Und den Thron (das Arsh)* *deines Herrn werden über ihnen an jenem Tag acht (Engel) tragen."* (al-Haqqa, 69/16-17)

Obwohl den Koranversen und Ahadithen manche Informationen über die Hamala-i Arsh Engel zu entnehmen sind, sind doch keine genaueren Angaben bezüglich ihrer Anzahl, Beschaffenheit oder bezüglich dessen, was mit Arsh gemeint ist, aufzufinden. Aus diesem Grund ist das Wissen des Menschen über diese Themen begrenzt. Zuzüglich werden im Koran mit den Engeln, die das Arsh tragen, auch Engel, die um das Arsh herum Allah lobpreisen, und Engel, die für die Gläubigen beten, erwähnt. (al-Mu'min, 40/7)

Die Engel des Paradieses

Dschannah (das Paradies/der Paradiesgarten) ist die endlose Heimatstätte, die Allah für Seine gläubigen Diener vorbereitet hat. Diejenigen, die auf der Welt an Allah glauben und die Erfordernisse des Glaubens erfüllen, werden dort mit verschiedenen Gaben empfangen. Eine dieser Gaben ist es, dass die Engel Vorbereitungen für diejenigen treffen, die in das Paradies

„Und in den Paradiesgarten geführt werden in Scharen diejenigen, die ihren Herrn fürchteten. Wenn sie dann dort ankommen und die Tore des Paradieses geöffnet werden und seine Wärter zu ihnen sagen: ‚Friede sei auf euch! Gut wart ihr, so betretet ihn, ewig darin zu bleiben.'"

eintreten werden, diese ehren und sie auf schönste Weise begrüßen. So wird im heiligen Koran in den Versen, die vom Paradies erzählen, Folgendes besagt: *„Und in den Paradiesgarten geführt werden in Scharen diejenigen, die ihren Herrn fürchteten. Wenn sie dann dort ankommen und die Tore des Paradieses geöffnet werden und seine Wärter zu ihnen sagen: ‚Friede sei auf euch! Gut wart ihr, so betretet ihn, ewig darin zu bleiben.'"* (az-Zumar, 39/73) Dem Koranvers ist zu entnehmen, dass Allah manche Engel als Wärter des Paradieses beauftragte. In einem anderen Vers wird bezüglich der Achtung der Engel, die an den Toren des Paradieses stehen, *„...Und die Engel empfangen sie: ‚Das ist euer (froher) Tag, der euch versprochen wurde.'"* besagt. Die Engel des Paradieses begrüßen die in das Paradies Eintretenden nicht nur an den Toren, sondern kommen auch zu ihren Stätten im Paradies und überbringen ihnen ihre Gratulationen: *„...für sie gibt es letztendlich die Wohnstätte, die Gärten Edens, in die sie eingehen werden, (sie) und diejenigen, die rechtschaffen waren von ihren Vätern, ihren Gattinnen und ihrer Nachkommenschaft. Und die Engel treten zu ihnen ein durch alle Tore, wobei* sie sprechen: ‚Friede sei auf euch dafür, dass ihr geduldig wart! Wie trefflich ist die endgültige Wohnstätte!'" (ar-Ra'd, 13/22-24) Es ist bekannt, dass der Wärter des Paradieses oder der größte unter den Wärtern des Paradieses ein Engel namens *Ridwan* ist. Es wird besagt, dass ihm dieser Name als Zeichen des Wohlgefallen Allahs gegenüber denjenigen, die in das Paradies eintreten werden, und als Freudenbotschaft für diese gegeben wurde. (Cebeci, *Kur'an'a Göre Melek, Cin, Şeytan*) Wiederum ist in den Quellen keine Information über die Anzahl der Engel, die im Paradies beauftragt sind, aufzufinden.

Die Engel der Hölle

Allah beauftragte in der Hölle manche Engel für die Bestrafung und manche zur Bewachung. Wie es auch bei den anderen Engeln der Fall ist, handeln auch diese Engel nicht ohne die Erlaubnis Allahs. In einem der Koranverse, die über die Hölle erzählen, wird über diese Engel Folgendes besagt: „*Oh die ihr glaubt! Bewahrt euch selbst und eure Angehörigen vor einem Feuer, dessen Brennstoff Menschen und Steine sind, über das hartherzige, strenge*

Engel (gesetzt) sind, die sich Allah nicht widersetzen in dem, was Er ihnen befiehlt, sondern tun, was ihnen befohlen wird." (at-Tahrim, 66/6)

An der Hölle befinden sich beauftragte Wärter, die als „Zabaniyyah" bekannt sind. Diese werden im heiligen Koran erwähnt.

Gegenüber dem Plan von Abu Lahab, der Onkel des Propheten Muhammed (saw.) und zugleich einer der führenden Feinde des Islams, seine Gefolgsmänner und Unterstützer zusammenzurufen, forderte Allah ihn mit den Zabaniyyah heraus und legt Abu Lahabs Schwäche und Unfähigkeit wie folgt dar: *„So soll er doch seine Genossen rufen. Wir werden die Höllenwächter (Zabaniyyah) rufen."* (al-'Alaq, 96/17-18)

Die Höllenwächter (Zabaniyyah) empfangen die Leugner, die in die Hölle eingehen, mit verschiedenen Mahnungen und Erinnerungen: *„In Scharen werden diejenigen, die ungläubig waren, zur Hölle getrieben werden. Wenn sie dann dort ankommen, werden ihre Tore geöffnet und ihre Wärter sagen zu ihnen: ‚Sind nicht zu euch Gesandte von euch (selbst) gekommen, die euch die Zeichen eures*

Herrn verlesen und euch die Begegnung mit diesem Tag warnend ankündigen?' ‚Ja doch!' werden sie sagen, aber das Wort der Strafe ist gegen die Ungläubigen unvermeidlich fällig geworden." (az-Zumar, 39/71) Sie werden sie nicht nur mit diesen Worten tadeln, sondern auch ihre Hilferufe unerwidert lassen: *„Diejenigen, die sich im Feuer befinden, werden zu den Wärtern der Hölle sagen: ‚Ruft euren Herrn an, dass Er uns einen Tag von der Strafe erlasse.' Sie (die Wärter) sagen: ‚Pflegten nicht doch eure Gesandten mit den klaren Beweisen zu euch zu kommen?' Sie sagen: ‚Ja, doch!' Sie (die Wärter) sagen: ‚So ruft (Ihn) selbst an.' Aber das Anrufen der Ungläubigen geht bestimmt verloren."* (al-Mu'min, 40/49-50)

Bezüglich der Anzahl der Höllenwärter wird in den 30.-31. Versen der Surah al-Muddaththir die Zahl neunzehn erwähnt. Ob nun diese Zahl die wahre Anzahl ist oder nicht, weiß allein Allah. Jedoch äußerten manche Gelehrte ihre Meinung bezüglich der Bedeutung der Zahl neunzehn, die im Koranvers genannt wird. Laut dieser Meinungen bringt diese Zahl in Wahrheit die Anzahl neunzehn (Tabari, *Tafsir*, XXIII, 437), neunzehntausend Engel (Mudschahid, *Tafsir*, S. 684), neunzehn

Gruppen oder Gattungen von Engeln (Tha'labi, *al-Kaschf wa al-Bayan*, X, 74) zum Ausdruck. Zudem wurde betont, dass die im Vers genannten neunzehn Engel die Anführer der Zabaniyyah seien und die Anzahl der Engel in der Hölle nicht ungewiss ist. (Samarqandi, *Bahr al-'Ulum*, III, 517) Jedoch basieren all diese Meinungen auf Vermutungen. So hob auch Allah im selben Vers hervor, dass diese Zahl neunzehn eine Versuchung, also ein Anlass zur Prüfung, ist. Es wird zum Ausdruck gebracht, dass diejenigen, die diese Anzahl der Höllenwärter geringschätzen oder verspotten, diese Prüfung nicht bestehen und vom rechten Weg abkommen werden. (al-Muddaththir, 74/30-31)

Das Oberhaupt der Engel, die die Hölle bewachen, ist der Engel namens *Malik*. Die Bewohner der Hölle werden sich von ihm den Tod wünschen, um der Strenge und Beständigkeit der Strafe zu entkommen. Doch wird ihnen dieser Wunsch verwehrt bleiben. Im Koranvers wird dies wie folgt dargestellt: *„Und sie rufen: ‚Oh Malik, dein Herr soll unserem Leben ein Ende setzen!'..."* (az-Zuhruf, 43/77)

Es gibt noch viele weitere Engel, deren Namen und Aufgaben hier nicht dargelegt wurden. Während mancher dieser die Gunst Allahs für die Gläubigen verheißen, flehen andere um ihre Vergebung. Außerdem gibt es Engel, die diejenigen besuchen, die den heiligen Koran rezitieren, die denjenigen, die zum *Sahur*[15] aufstehen und fasten, Segen wünschen, die sich bei denen befinden, die Wissen erlernen, die deren Zeugen sind, die zum rituellen Freitagsgebet erscheinen, die die Muslime im Krieg unterstützen und die die für den Propheten gesprochenen *Salawat*[16] an ihn überbringen. (Kommission, Hadislerle Islam, I, 536)

DER EINFLUSS DES GLAUBENS AN DIE ENGEL IN UNSEREM LEBEN

Der Glaube an die Engel ist im Islam einerseits ein Glaubensgrundsatz für sich und steht zum anderen in einem engen Verhältnis zu den anderen Glaubensgrundsätzen. Allem voran bringt der Glaube an die Engel auch den Glauben an Allah und an die Ordnung, die Er im Universum bestimmte, mit sich. Denn Allah umhüllte das perfekte Funktionieren des Univer-

---

15 *Sahur* bezeichnet die Mahlzeit, welche vor dem *Imsak* (Beginn der Fastenzeit) in der Nacht verzehrt wird.
16 *Salawat* ist ein Segnungsbittgebet für den Propheten Muhammed (saw.).

Mithilfe des Glaubens an die Engel weiß der Mensch, dass er nicht grundlos erschaffen wurde und verinnerlicht den Glauben, dass zu jeder Zeit und an jedem Ort von Allah beauftragte Engel anwesend sind.

sums mit ersichtlichen und nicht erfassbaren Gründen und Existenzen. So sind auch die Engel in der von Allah erschaffenen Ordnung im Kosmos mit bestimmten Aufgaben betraut und gehen den Aufgaben, die ihnen hinsichtlich der Ordnung des Universums gegeben wurden, ohne Unterbrechung nach.

Mithilfe des Glaubens an die Engel weiß der Mensch, dass er nicht grundlos erschaffen wurde und verinnerlicht den Glauben, dass zu jeder Zeit und an jedem Ort von Allah beauftragte Engel anwesend sind. Dies gibt ihm zugleich ein Gefühl der Sicherheit und erinnert ihn daran, dass er nicht allein ist. Er sieht die Engel regelrecht als seine Wegbegleiter in den dunkelsten Orten und den einsamsten Ecken.

Der Mensch, der sein Schicksal, das Allah für ihn bestimmte, lebt, wird seine Seele - sobald die Zeit kommt - dem von Allah beauftragtem Engel des Todes übergeben. Eine Person, die an die Engel glaubt, weiß, dass der Tod kein Ende oder Untergang für sie ist. Im Gegenteil ist der Tod mit der Befragung seitens der Engel der Anfang ihrer jenseitigen Reise. Folglich verleiten diese Gedanken die Person dazu, rechtschaffene Werke zu vollführen und sich für die Stätte der ewigen Glückseligkeit vorzubereiten.

Die Engel sind das Symbol der Verbundenheit, Treue und Ergebenheit für Allah. Sie handeln nur mit dem Befehl Allahs und unterwerfen sich keiner anderen Person oder Existenz außer Ihm. Zugleich sind sie auch das Symbol der spirituellen Reinheit; der Ferne jegliches Schmutzes und jeglicher Sünde. Trotz dessen, dass sie Existenzen mit Verstand und Bewusstsein sind, vergehen sich die Engel weder an einem Wort noch an einer Tat, die zur Auflehnung gegen Allah führen könnte. Sie sind zu jeder Zeit dazu bereit, dem Befehl Allahs Folge zu leisten. In dieser Hinsicht erinnern sie den Menschen, der zur Dienerschaft für Allah auf die Welt gesandt wurde, an seine ursprüngliche Aufgabe.

BIBLIOGRAFIE

der heilige Koran

Ahmed b. Hanbel, *Musned*, Müessesetü'r-Risale, I-L, Beirut, 2001.

Alusi, Şihabüddin Mahmud, *Ruhu'l-Meani*, Darü'l-Kütübi'l-Ilmiyye, XVI, Beirut, 1415.

Begavi, *Mealimu't-Tenzil fi Tefsiri'l-Kur'an (Tefsiri'l-Begavi)*, Daru Taybe, I-VIII, o.O., 1997.

Buhari, *Sahih*, Daru Tavkı'n-Necat, I-IX, Damaskus, 1422.

Cebeci, Lütfullah, „Israfil", *Türkiye Diyanet Vakfı Islam Ansiklopedisi (DIA)*, XXIII, 180-181, Istanbul, 2001.

Cebeci, Lütfullah, „Mikail", *Türkiye Diyanet Vakfı Islam Ansiklopedisi (DIA)*, XXX, 45-46, Istanbul, 2005.

Cebeci, Lütfullah, *Kur'an'a Göre Melek, Cin, Şeytan*, Istanbul, 1998.

Darekutni, *Rü'yetullah*, Mektebetü'l-Menar, Jordan, 1411.

Demirci, Kürşat, „Harut ve Marut", *Türkiye Diyanet Vakfı Islam Ansiklopedisi (DIA)*, Istanbul, 1997.

Ebu Hayyan el-Endelusi, *el-Bahru'l-Muhit fi't-Tefsir*, Daru'l-Fikr, I-X, Beirut, 1420.

Erbaş, Ali, "Melek", *Türkiye Diyanet Vakfı Islam Ansiklopedisi (DIA)*, XXIX, 37-39, Istanbul, 2004.

Erbaş, Ali, *Melekler Alemi*, Istanbul, 2012.

Eşkar, Ömer Süleyman Abdullah, *Alemü'l-Melaiketi'l-Ebrar*, Darü'n-Nefais, Kuwait, 1983.

Güneş, Kamil, *Meleklere Iman*, DIB Yayınları, Ankara, 2015.

Hakim, *el-Müstedrek ala's-Sahihayn*, Darü'l-Kütübi'l-Ilmiyye, I-IV, Beirut, 1990.

Halimi, Ebu Abdillah el-Hüseyn b. el-Hasen, *el-Minhac fi Şuabi'l-Iman*, Daru'l-Fikr, I-III, o.O., 1979.

Hindi, Alaüddin, *Kenzu'l-Ummal fi Süneni'l-Akval ve'l-Ef'al*, Müessesetü'r-Risale, I-XVI, Beirut, 1998.

Ibn Aşur, Muhammed Tahir, *et-Tahrir ve't-Tenvir*, Daru't-Tunusiyye, I-XXX, Tunesien, 1984.

Ibn Ebu Asım eş-Şeybani, *el-Ahad ve'l-Mesani*, Darü'r-Raye, I-VI, Riad, 1409.

Ibn İshak, Muhammed, *Sire*, Darü'l-Fikr, Beirut, 1978.

Ibn Kayyım el-Cevziyye, *Hadi'l-Ervah ila Biladi'l-Efrah*, Matbaatü'l-Medeni, Kairo, o.D.

Ibn Mace, *Sünen*, Darü İhyai'l-Kütübi'l-Arabiyye, I-II, o.O., o.D.

Ibn Teymiye, *Mecmuu'l-Fetava*, Mecmau'l-Melik Fehd, I-XXXV, Medina, 1995.

Ibnü'l-Arabi, *Ahkamü'l-Kur'an*, Darü'l-Kütübi'l-Ilmiyye, I-IV, Beirut, 2003.

Ibnü'l-Cevzi, *Zadü'l-Mesir fi Ilmi't-Tefsir*, Darü'l-Kitabi'l-Arabi, I-IV, Beirut, 1422.

Ibnü'l-Esir, Mecdüddin, *en-Nihaye fi Garibi'l-Hadis*, el-Mektebetü'l-Ilmiyye, I-V, Beirut, 1979.

Isfehani, Ragıb, *el-Müfredat fi Garibi'l-Kur'an*, Darü'l-Kalem, Beirut, 1412.

Ishak b. Raheveyh, *Müsned*, Mektebetü'l-Iman, I-V, Medina, 1991.

Kasani, *Bedaiu's-Sanai fi Tertibi'ş-Şerai*, Darü'l-Kütübi'l-Ilmiyye, I-VII, Beirut, 1986.

Kastallani, Şihabüddin, *el-Mevahibu'l-Ledünniyye bi'l-Minehi'l-Muhammediyye*, Mektebetu't-Tevfikiyye, I-III, Ägypten, o.D.

Kılavuz, Ahmet Saim, „Azrail", *Türkiye Diyanet Vakfı Islam Ansiklopedisi (DIA)*, IV, 350-351, Istanbul, 1991.

Kommission, *Kur'an Yolu Türkçe Meal ve Tefsir*, DIB Yayınları, I-V, Ankara, 2007.

Kommission, *Hadislerle Islam*, DIB Yayınları, I-VII, Ankara, 2013.

Kurtubi, *el-Cami li Ahkami'l-Kur'an (Tefsiru'l-Kurtubi)*, Darü'l-Kütübi'l-Mısriyye, I-XX, Kairo, 1964.

Kutluer, Ilhan, „Hikmet", *Türkiye Diyanet Vakfı Islam Ansiklopedisi (DIA)*, XVII, 503-511, Istanbul, 1998.

Maverdi, *en-Nüket ve'l-Uyun (Tefsir)*, Darü'l-Kütübi'l-Ilmiyye, I-VI, Beirut, o.D.

Mukatil b. Süleyman, *Tefsir*, Daru Ihyai't-Turas, I-V, Beirut, 1423.

Mücahid, *Tefsir*, Darü'l-Fikri'l-Islami el-Hadise, Ägypten, 1989.

Münavi, *Feyzü'l-Kadir Şerhu Camii's-Sağir*, el-Mektebetü't-Ticari el-Kübra, I-VI, Ägypten, 1356.

Müslim, *Sahih*, Daru Ihyai't-Turasi'l-Arabi, I-V, Beirut, o.D.

Nasravi, Hüseyn, *el-Melaike fi't-Turasi'l-Islami*, Darü'l-Kütüb ve'l-Vesaik, Bagdad 2011.

Razi, Fahreddin, *Mefatihu'l-Gayb (et-Tefsiru'l-Kebir)*, Darü'l-Fikr, I-XXXI, Beirut, 1981.

Razi, Fahreddin, *Muhassal*, Mektebetü'l-Külliyati'l-Ezheriyye, Ägypten, o.D.

Reşid Rıza, Muhammed, *Tefsiru'l-Menar*, el-Heyetü'l-Mısriyye, I-XII, Ägypten, 1990.

Sa'lebi, Ebu Ishak, *el-Keşf ve'l-Beyan an Tefsiri'l-Kur'an*, Daru Ihyai't-Turasi'l-Arabi, I-X, Beirut, 2002.

Semerkandi, Ebu'l-Leys, *Bahru'l-Ulum*, I-III, o.O., o.D.

Serdar, Murat, „Hristiyanlık ve Islam'da Meleklerin Varlık ve Kısımları", *bilimname*, XVII, 2009/2, 139-164.

Serdar, Murat, „Semavi Dinlerde Dört Büyük Melek", *Fırat Üniversitesi Ilahiyat Fakültesi Dergisi*, 13:2 (2008).

Suyuti, Celalüddin, *el-Habaik fi Ahbari'l-Melaik*, Darü'l-Kütübi'l-Ilmiyye, Beirut, 1985.

Sübki, Mahmud Muhammed Hattab, *el-Menhelü'l-Azbu'l-Mevrud Şerhu Süneni Ebi Davud*, Matbaatü'l-Istikame, I-X, Kairo, 1353.

Taberani, *el-Mucemu'l-Evsat*, Darü'l-Harameyn, I-X, Kairo, o.D.

Taberani, *el-Mucemu'l-Kebir*, Mektebetu Ibn Teymiye, I-XXV, Kairo, 1994.

Taberi, Muhammed b. Cerir, *Camiu'l-Beyan fi Tevili'l-Kur'an (Tefsiru't-Taberi)*, Müessesetü'r-Risale, I-XXIV, Beirut, 2000.

Taftazani, Sadeddin, *Şerhu'l-Akaidi'n-Nesefiyye*, Mektebetü'l-Medine, Pakistan, 2012.

Tibi, Şerefüddin, *el-Kaşif an Hakaiki's-Sünen*, Mektebetu Nizar Mustafa el-Baz, I-XIII, Riad, 1997.

Tirmizi, *Sünen*, Darü'l-Garbi'l-Islami, I-VI, Beirut, 1998.

Topaloğlu, Bekir, Yusuf Şevki Yavuz, Ilyas Çelebi, *Islam'da Iman Esasları*, DIB Yayınları, Ankara, 2014.

Yavuz, Yusuf Şevki, "Arş", DIA, Istanbul, 1991.

Zemahşeri, *el-Keşşaf an Hakaik Gavamidi't-Tenzil*, Daru'l-Kitabi'l-Arabi, I-IV, Beirut, 1407.